CW01432790

Es gibt Gedichte, die einen nicht mehr loslassen und über die Jahre begleiten oder plötzlich wieder aus der Erinnerung aufsteigen und einen mit Sehnsucht anstecken – viele von ihnen sind hier versammelt: die Gedichte, auf die man nicht mehr verzichten möchte, und die, auf die man bereits nach dem ersten Lesen einfach nicht mehr verzichten kann: Gedichte, deren Lebenslust und Fröhlichkeit sich unmittelbar auf einen übertragen; übermütige, verspielte Liebeserklärungen an das Leben und die Welt; zärtliche, traurig-schöne Gedichte, die versonnen der Erinnerung an den unwiederbringlichen, magischen Augenblick hingegeben sind; beglückend-tröstliche Gedichte, die man vor sich hinflüstert, wenn man der Ermutigung bedarf; Gedichte, denen ein Zauber innewohnt, »der uns beschützt und der uns hilft zu leben«.

Mit Gedichten von Ilse Aichinger, Rose Ausländer, Elisabeth Borchers, Thomas Brasch, Bertolt Brecht, Joseph von Eichendorff, Hans Magnus Enzensberger, Robert Gernhardt, Johann Wolfgang Goethe, Heinrich Heine, Hermann Hesse, Ernst Jandl, Mascha Kaléko, Erich Kästner, Angela Krauß, Reiner Kunze, Else Lasker-Schüler, Christian Morgenstern, Rainer Maria Rilke, Joachim Ringelnatz, Peter Rühmkorf, Eva Strittmatter, Kurt Tucholsky und vielen anderen.

insel taschenbuch 4297
Gedichte, die glücklich machen

Gedichte,

die glücklich machen

Herausgegeben von Clara Paul

Insel Verlag

Umschlagabbildung: Hans Traxler

17. Auflage 2021

Erste Auflage 2014
insel taschenbuch 4297
© Insel Verlag Berlin 2014
Quellennachweise zu dieser Ausgabe am Schluss des Bandes
Alle Rechte vorbehalten, insbesondere das des
öffentlichen Vortrags sowie der Übertragung
durch Rundfunk und Fernsehen, auch einzelner Teile.
Kein Teil des Werkes darf in irgendeiner Form
(durch Fotografie, Mikrofilm oder andere Verfahren)
ohne schriftliche Genehmigung des Verlages reproduziert
oder unter Verwendung elektronischer Systeme
verarbeitet, vervielfältigt oder verbreitet werden.
Vertrieb durch den Suhrkamp Taschenbuch Verlag
Umschlag: Franziska Erdle, GOLD UNLIMITED, München
Satz: Satz-Offizin Hümmer GmbH, Waldbüttelbrunn
Druck: CPI books GmbH, Leck
Printed in Germany
ISBN 978-3-458-35997-5

Inhalt

Ich bin so knallvergnügt erwacht

Zupf dir ein Wölkchen aus dem Wolkenweiß

Meine gute Stunde

Leb die Leben, leb sie alle

Was alles braucht's zum Paradies

Noch bist du da

Auf was nur einmal ist

Es schlug mein Herz

Komm zu mir in der Nacht

Himmelhoch jauchzend, zum Tode betrübt

Bleib erschütterbar und widersteh

Viel Glück und beßre Zeiten

Guckt, eine Murmel!

Reich bin ich durch ich weiß nicht was

Ich bin so knallvergnügt erwacht

Joachim Ringelnatz

Morgenwonne

Ich bin so knallvergnügt erwacht.
Ich klatsche meine Hüften.
Das Wasser lockt. Die Seife lacht.
Es dürstet mich nach Lüften.

Ein schmuckes Laken macht einen Knicks
Und gratuliert mir zum Baden.
Zwei schwarze Schuhe in blankem Wichs
Betiteln mich »Euer Gnaden«.

Aus meiner tiefsten Seele zieht
Mit Nasenflügelbeben
Ein ungeheurer Appetit
Nach Frühstück und nach Leben.

Mascha Kaléko

Sozusagen grundlos vergnügt

Ich freu mich, daß am Himmel Wolken ziehen
Und daß es regnet, hagelt, friert und schneit.
Ich freu mich auch zur grünen Jahreszeit,
Wenn Heckenrosen und Holunder blühen.
– Daß Amseln flöten und daß Immen summen,
Daß Mücken stechen und daß Brummer brummen.
Daß rote Luftballons ins Blaue steigen.
Daß Spatzen schwatzen. Und daß Fische schweigen.

Ich freu mich, daß der Mond am Himmel steht
Und daß die Sonne täglich neu aufgeht.
Daß Herbst dem Sommer folgt und Lenz dem Winter,
Gefällt mir wohl. Da steckt ein Sinn dahinter,
Wenn auch die Neunmalklugen ihn nicht sehn.
Man kann nicht alles mit dem Kopf verstehn!
Ich freue mich. Das ist des Lebens Sinn.
Ich freue mich vor allem, daß ich bin.

In mir ist alles aufgeräumt und heiter:
Die Diele blitzt, das Feuer ist geschürt.
An solchen Tagen erklettert man die Leiter,
Die von der Erde in den Himmel führt.
Da kann der Mensch, wie es ihm vorgeschrieben,
– Weil er sich selber liebt – den Nächsten lieben.

Ich freue mich, daß ich mich an das Schöne
Und an das Wunder niemals ganz gewöhne.
Daß alles so erstaunlich bleibt, und neu!

Ich freu mich, daß ich ...

Daß ich mich freu.

Bertolt Brecht

Vom Schwimmen
in Seen und Flüssen

1

Im bleichem Sommer, wenn die Winde oben
Nur in dem Laub der großen Bäume sausen
Muß man in Flüssen liegen oder Teichen
Wie die Gewächse, worin Hechte hausen.
Der Leib wird leicht im Wasser. Wenn der Arm
Leicht aus dem Wasser in den Himmel fällt
Wiegt ihn der kleine Wind vergessen
Weil er ihn wohl für braunes Astwerk hält.

2

Der Himmel bietet mittags große Stille.
Man macht die Augen zu, wenn Schwalben kommen.
Der Schlamm ist warm. Wenn kühle Blasen quellen
Weiß man: Ein Fisch ist jetzt durch uns geschwommen.
Mein Leib, die Schenkel und der stille Arm
Wir liegen still im Wasser, ganz geeint
Nur wenn die kühlen Fische durch uns schwimmen
Fühl ich, daß Sonne überm Tümpel scheint.

3

Wenn man am Abend von dem langen Liegen
Sehr faul wird, so, daß alle Glieder beißen
Muß man das alles, ohne Rücksicht, klatschend
In blaue Flüsse schmeißen, die sehr reißen.
Am besten ist's, man hält's bis Abend aus.
Weil dann der bleiche Haifischhimmel kommt

Bös und gefräßig über Fluß und Sträuchern
Und alle Dinge sind, wie's ihnen frommt.

4

Natürlich muß man auf dem Rücken liegen
So wie gewöhnlich. Und sich treiben lassen.
Man muß nicht schwimmen, nein, nur so tun, als
Gehöre man einfach zu Schottermassen.
Man soll den Himmel anschauen und so tun
Als ob einen ein Weib trägt, und es stimmt.
Ganz ohne großen Umtrieb, wie der liebe Gott tut
Wenn er am Abend noch in seinen Flüssen schwimmt.

Elisabeth Borchers
Das Meer wirft
seine Kronen an Land

Das Meer wirft seine Kronen an Land
Nimm die dir gefällt
Die Welt ist nah
Die Welt ist dein.

Hermann Hesse

Blauer Schmetterling

Flügelt ein kleiner blauer
Falter vom Wind geweht,
Ein perlmutterner Schauer,
Glitzert, flimmert, vergeht.
So mit Augenblicksblinken,
So im Vorüberwehn
Sah ich das Glück mir winken,
Glitzern, flimmern, vergehn.

Johann Wolfgang Goethe
Erinnerung

Willst du immer weiter schweifen?
Sieh, das Gute liegt so nah.
Lerne nur das Glück ergreifen,
Denn das Glück ist immer da.

Joachim Ringelnatz
Überall

Überall ist Wunderland.
Überall ist Leben.
Bei meiner Tante im Strumpfenband
Wie irgendwo daneben.

Überall ist Dunkelheit.
Kinder werden Väter.
Fünf Minuten später
Stirbt sich was für einige Zeit.
Überall ist Ewigkeit.

Wenn du einen Schneck behauchst,
Schrumpft er ins Gehäuse,
Wenn du ihn in Kognak tauchst,
Sieht er weiße Mäuse.

Karl Kraus

Post festum

Schöner als in die Sonne zu sehn
ist es, vor ihr die Augen zu schließen.
Dann erst werden sie übergehn
und du wirst Farbenwunder genießen.

Robert Gernhardt

Schön, schöner, am schönsten

Schön ist es,
Champagner bis zum Anschlag zu trinken
und dabei den süßen Mädels zuwinken:
Das ist schön.

Schöner ist es,
andere Menschen davor zu bewahren,
allzusehr auf weltliche Werte abzufahren:
Das ist schöner.

Noch schöner ist es,
speziell der Jugend aller Rassen
eine Ahnung von geistigen Gütern zukommen zu lassen:
Das ist noch schöner.

Am schönsten ist es,
mit so geretteten süßen Geschöpfen
einige gute Flaschen Schampus zu köpfen:
Das ist am allerschönsten.

Kurt Tucholsky

Parc Monceau

Hier ist es hübsch. Hier kann ich ruhig träumen.
Hier bin ich Mensch – und nicht nur Zivilist.
Hier darf ich links gehn. Unter grünen Bäumen
sagt keine Tafel, was verboten ist.

Ein dicker Kullerball liegt auf dem Rasen.
Ein Vogel zupft an einem hellen Blatt.
Ein kleiner Junge gräbt sich in der Nasen
und freut sich, wenn er was gefunden hat.

Es prüfen vier Amerikanerinnen,
ob Cook auch recht hat und hier Bäume stehn.
Paris von außen und Paris von innen:
sie sehen nichts und müssen alles sehn.

Die Kinder lärmen auf den bunten Steinen.
Die Sonne scheint und glitzert auf ein Haus.
Ich sitze still und lasse mich bescheinen
und ruh von meinem Vaterlande aus.

Zupf dir ein Wölkchen aus dem Wolkenweiß

Joachim Ringelnatz
Sommerfrische

Zupf dir ein Wölkchen aus dem Wolkenweiß,
Das durch den sonnigen Himmel schreitet.
Und schmücke den Hut, der dich begleitet,
Mit einem grünen Reis.

Verstecke dich faul in der Fülle der Gräser.
Weil's wohltut, weil's frommt.
Und bist du ein Mundharmonikabläser
Und hast eine bei dir, dann spiel, was dir kommt.

Und laß deine Melodien lenken
Von dem freigegebenen Wolkengezupf.
Vergiß dich. Es soll dein Denken
Nicht weiter reichen als ein Grashüpferhupf.

Hermann Hesse

Die leise Wolke

Eine schmale, weiße
Eine sanfte, leise
Wolke weht im Blauen hin.
Senke deinen Blick und fühle
Selig sie mit weißer Kühle
Dir durch blaue Träume ziehn.

Bertolt Brecht

Erinnerungen an Marie A.

1

An jenem Tag im blauen Mond September
Still unter einem jungen Pflaumenbaum
Da hielt ich sie, die stille bleiche Liebe
In meinem Arm wie einen holden Traum.
Und über uns im schönen Sommerhimmel
War eine Wolke, die ich lange sah
Sie war sehr weiß und ungeheuer oben
Und als ich aufsah, war sie nimmer da.

2

Seit jenem Tag sind viele, viele Monde
Geschwommen still hinunter und vorbei
Die Pflaumenbäume sind wohl abgehauen
Und fragst du mich, was mit der Liebe sei?
So sag ich dir: Ich kann mich nicht erinnern.
Und doch, gewiß, ich weiß schon, was du meinst
Doch ihr Gesicht, das weiß ich wirklich nimmer
Ich weiß nur mehr: Ich küßte es dereinst.

3

Und auch den Kuß, ich hätt' ihn längst vergessen
Wenn nicht die Wolke da gewesen wär
Die weiß ich noch und werd ich immer wissen
Sie war sehr weiß und kam von oben her.
Die Pflaumenbäume blühn vielleicht noch immer
Und jene Frau hat jetzt vielleicht das siebte Kind
Doch jene Wolke blühte nur Minuten
Und als ich aufsah, schwand sie schon im Wind.

Andreas Gryphius
Betrachtung der Zeit

Mein sind die Jahre nicht die mir die Zeit genommen /
Mein sind die Jahre nicht / die etwa möchten kommen
Der Augenblick ist mein / und nehm' ich den in acht
So ist der mein / der Jahr und Ewigkeit gemacht.

Hilde Domin

Wahl

Ein Mandelbaum sein
eine kleine Wolke
in Kopfhöhe über dem Boden
ganz hell
einmal im Jahr

Einer im kleinen Stoßtrupp
des Frühlings
keinem zu Leid als sich selber
im Glauben an einen blauen Tag
vor Kälte verbrennen

Ein kleiner Mandelbaum sein
am Südhang der Pyrenäen
oder im Rheintal
der bleibt und wächst
wo er gepflanzt ist

Aber entlang gehen
bei diesem Mandelbaum
oder ihn plötzlich sehn
wenn der Zug
aus dem Tunnel kommt

Lachen und Weinen und die unmögliche
Wahl haben
und nichts ganz recht tun

und nichts ganz verkehrt
und vielleicht alles verlieren

Doch mit Ja und Nein und Für-immer-vorbei
nicht müde werden
sondern dem Wunder
leise
wie einem Vogel,
die Hand hinhalten

Hans Magnus Enzensberger
Empfänger unbekannt –
Retour à l'expéditeur

Vielen Dank für die Wolken.
Vielen Dank für das Wohltemperierte Klavier
und, warum nicht, für die warmen Winterstiefel.
Vielen Dank für mein sonderbares Gehirn
und für allerhand andre verborgne Organe,
für die Luft und natürlich für den Bordeaux.
Herzlichen Dank dafür, daß mir das Feuerzeug nicht ausgeht,
und die Begierde und das Bedauern, das inständige Bedauern.
Vielen Dank für die vier Jahreszeiten,
für die Zahl e und für das Koffein,
und natürlich für die Erdbeeren auf dem Teller,
gemalt von Chardin, sowie für den Schlaf,
für den Schlaf ganz besonders,
und, damit ich es nicht vergesse,
für den Anfang und das Ende
und die paar Minuten dazwischen
inständigen Dank,
meinetwegen für die Wühlmäuse draußen im Garten auch.

Marie von Ebner-Eschenbach

Ein kleines Lied

Ein kleines Lied, wie geht's nur an,
Daß man so lieb es haben kann,
Was liegt darin? erzähle!

Es liegt darin ein wenig Klang,
Ein wenig Wohllaut und Gesang
Und eine ganze Seele.

Joseph von Eichendorff
Wünschelrute

Schläft ein Lied in allen Dingen,
Die da träumen fort und fort,
Und die Welt hebt an zu singen,
Triffst du nur das Zauberwort.

Thomas Brasch

Der schöne 27. September

Ich habe keine Zeitung gelesen.
Ich habe keiner Frau nachgesehn.
Ich habe den Briefkasten nicht geöffnet.
Ich habe keinem einen Guten Tag gewünscht.
Ich habe nicht in den Spiegel gesehn.
Ich habe mit keinem über alte Zeiten gesprochen und
mit keinem über neue Zeiten.
Ich habe nicht über mich nachgedacht.
Ich habe keine Zeile geschrieben.
Ich habe keinen Stein ins Rollen gebracht.

Meine gute Stunde

Joachim Ringelnatz

Ein Lied, das der berühmte Philosoph Haeckel am 3. Juli 1911 vormittags auf einer Gartenpromenade vor sich hinsang

(Von einem Ohrenzeugen)

Wimmbamm Bumm
Wimm Bammbumm
Wimm Bamm Bumm

Wimm Bammbumm
Wimm Bamm Bumm
Wimmbamm Bumm

Wimm Bamm Bumm
Wimmbamm Bumm
Wimm Bammbumm.

Meret Oppenheim
Von Beeren nährt man sich

Von Beeren nährt man sich
Mit dem Schuh verehrt man sich
Husch, husch, der schönste Vokal entleert sich

Robert Gernhardt

Deutung eines allegorischen Gemäldes

Fünf Männer seh ich
inhaltsschwer –
wer sind die fünf?
Wofür steht wer?

Des ersten Wams strahlt
blutigrot –
das ist der Tod
das ist der Tod

Der zweite hält die
Geißel fest –
das ist die Pest
das ist die Pest

Der dritte sitzt in
grauem Kleid –
das ist das Leid
das ist das Leid

Des vierten Schild trieft
giftignass –
das ist der Hass
das ist der Hass

Der fünfte bringt stumm
Wein herein –
das wird der
Weinreinbringer sein.

Hermann Hesse

Gute Stunde

Erdbeeren glühn im Garten,
Ihr Duft ist süß und voll,
Mir ist, ich müsse warten,
Daß durch den grünen Garten
Bald meine Mutter kommen soll.
Mir ist, ich bin ein Knabe
Und alles war geträumt,
Was ich vertan, versäumt,
Verspielt, verloren habe.
Noch liegt im Gartenfrieden
Die reiche Welt vor mir,
Ist alles mir beschieden,
Gehöret alles mir.
Benommen bleib ich stehen
Und wage keinen Schritt,
Daß nicht die Düfte verwehen
Und meine gute Stunde mit.

Peter Huchel
Der glückliche Garten

Einst waren wir alle im glücklichen Garten,
ich weiß nicht mehr, vor welchem Haus,
wo wir die kindliche Stimme sparten
für Gras und Amsel, Kamille und Strauß.

Da saßen wir abends auf einer Schwelle,
ich weiß nicht mehr, vor welchem Tor,
und sahn wie im Mond die mondweißen Felle
der Katzen und Hunde traten hervor.

Wir riefen sie alle damals beim Namen,
ich weiß nicht mehr, wie ich sie rief.
Und wenn dann die Mägde uns holen kamen,
umfing uns das Tuch, in dem man gleich schlief.

Ingeborg Bachmann

Harlem

Von allen Wolken lösen sich die Dauben,
der Regen wird durch jeden Schacht gesiebt,
der Regen springt von allen Feuerleitern
und klimpert auf dem Kasten voll Musik.

Die schwarze Stadt rollt ihre weißen Augen
und geht um jede Ecke aus der Welt.
Die Regenrhythmen unterwandert Schweigen.
Der Regenblues wird abgestellt.

Gerald Zschorsch
Der Spielmann

Spiel mir, oh Spielmann,
eine alte Weise.
Von der Schönheit angetan
und von ihrem Preise.

Von Grazie, von Anmut,
von der Koketterie.
Erzähl von Natürlichkeit
und dem bedeckten Knie.

Von Form und Inhalt;
von Hülle und Schein.
Von dem Schreitegang
und dem Behütetsein.

Dreh die Leier,
auch wenn sie knarrt.
Traue dem Bildstock,
der dich nie narrt.

Rainer Maria Rilke
Das Karussell
Jardin du Luxembourg

Mit einem Dach und seinem Schatten dreht
sich eine kleine Weile der Bestand
von bunten Pferden, alle aus dem Land,
das lange zögert, eh es untergeht.
Zwar manche sind an Wagen angespannt,
doch alle haben Mut in ihren Mienen;
ein böser roter Löwe geht mit ihnen
und dann und wann ein weißer Elefant.

Sogar ein Hirsch ist da, ganz wie im Wald,
nur dass er einen Sattel trägt und drüber
ein kleines blaues Mädchen aufgeschnallt.

Und auf dem Löwen reitet weiß ein Junge
und hält sich mit der kleinen heißen Hand
dieweil der Löwe Zähne zeigt und Zunge.

Und dann und wann ein weißer Elefant.

Und auf den Pferden kommen sie vorüber,
auch Mädchen, helle, diesem Pferdesprunge
fast schon entwachsen; mitten in dem Schwunge
schauen sie auf, irgendwohin, herüber –

Und dann und wann ein weißer Elefant.

Und das geht hin und eilt sich, daß es endet,
und kreist und dreht sich nur und hat kein Ziel.
Ein Rot, ein Grün, ein Grau vorbeigesendet,
ein kleines kaum begonnenes Profil –.
Und manchesmal ein Lächeln, hergewendet,
ein seliges, das blendet und verschwendet
an dieses atemlose blinde Spiel ...

Peter Handke
Die Aufstellung des 1. FC Nürnberg
vom 27. 1. 1968

Wabra

Leupold   Popp

Ludwig Müller   Wenauer   Blankenburg

Starek   Strehl   Brungs   Heinz Müller   Volkert

Spielbeginn:
15 Uhr

Hans Magnus Enzensberger
Chinesische Akrobaten

Ein Wort in die Luft zu werfen
das Wort *schwer*
ist leicht

Ein Zeichen in die Luft zu tuschen
das Zeichen *unmöglich*
ist nicht unmöglich

Oder Strich auf Strich
Bambus oder *Lust* oder *Teller* zu setzen
Silbe auf Silbe auf Silbe
zu balancieren
immer höher und höher

aah!

Aber selbst so leicht zu werden
wie ein Strich
eine Silbe
ein Zeichen

am Himmel
eine Minute lang

zu schweben
ist schwer

Unmöglich
so hoch oben
zu atmen

während hier unten
Banditen
immer mehr Banditen
Kaiser Japaner Warlords
wüten

Tausend Jahre lang
hungert die Angst
ängstigt die Lust sich
und schaut zu
atemlos
aaah!

wie am Himmel die Körper
immer leichter und leichter
schweben

immer höher und höher
balancieren

                    Hand
                            Bambus
        Teller
                Knie
                        Frau
            Tusche
                                    Strich
                    Bambus
                                Hand
            Zeichen
                    Teller
                        Stange
            Frau
                        Bambus
                    Strich
                        Silbe
                    Knie

            Bitte noch einen Strich!
                ruft die Lust
            Noch einen Teller!
                die Angst
                bitte nicht!
                bitte doch!

                Aaaah!
                wie leicht!
        wie leicht das schwankt
                    knickt
                    bricht
                    kippt
                    stürzt

                    53

Bitte nicht!

Die hohen Körper
atmen
eine Minute lang
während sich schneller und schneller
und höher und höher
immer mehr
leere Teller drehn
geisterhaft
leicht am Himmel

aaaaaaah!

vergißt die Angst ihren Hunger
und die Lust ihre Angst

Leb die Leben, leb sie alle

Paul Celan

Leb die Leben, leb sie alle

Leb die Leben, leb sie alle,
halt die Träume auseinander,
sieh, ich steige, sieh, ich falle,
bin ein andrer, bin kein andrer.

Durs Grünbein
Begrüßung einer Prinzessin

Willkommen an Bord, Däumling du, Menschlein, brandneu.
Zierliche Nymphe, zitternd wie Espenlaub, Milchtrinker,
    Wicht.
Alles dank dir, Glückskind, beginnt nun, gut griechisch mit
    eu-…
Wie sie dich halten, Krabbenfang, ängstlich, daß nichts
    zerbricht.
Vergiß deine Höhle, die Mutter. Sieh sie dir gut an von
    draußen.
Beim Stillen, im Schlaf, halt dich fest, zarte Knospe am Stamm.
Laß die Welt ihre Runden drehen, ein fernes Ohrensausen.
Du bist die Mitte, um dich geht's, die zweieinhalbtausend
    Gramm.
Arme Gotik, was sind ihre Türmchen aus feinster Brüsseler
    Spitze
Gegen das Filigran deiner Finger, dein perlmuttfarbenes Ohr?
Puppe aus Marzipan, mit den Windeln voll Kindspech-Lakritze.
Nichts ist so kostbar wie im Augenwinkel der erste Koh-i-noor,
Deine Tränen, Aktrice, Primadonna auf allen vieren.
Was ist die Pawlowa, sterbender Schwan, gegen dich Kücken?
Gestern kam Onkel Bach zu Besuch – über die Schläfen
    spazierend.
Wie dein Mund sich im Saugreflex schloß. Dein stilles
    Entzücken.
Il dolce stil novo? Verzeih mir. Dein Vater haut auf den Putz.
Weil er sonst nichts zu bieten hat. Vor allem nicht diese Brust.
Wie schlau von dir, jetzt zu kommen. Hast den Sommer genutzt.
Sei gegrüßt, kleine Löwin, geboren im hellen Monat August.

Kurt Tucholsky

An das Baby

Alle stehn um dich herum:
Photograph und Mutti
und ein Kasten, schwarz und stumm,
Felix, Tante Putti …
　　Sie wackeln mit dem Schlüsselbund,
　　fröhlich quietscht ein Gummihund.
　　»Baby, lach mal!« ruft Mama.
　　»Guck«, ruft Tante, »eiala!«
Aber du, mein kleiner Mann,
siehst dir die Gesellschaft an …
Na, und dann – was meinste?
　　　　　　　　　　Weinste.

Später stehn um dich herum
Vaterland und Fahnen;
Kirche, Ministerium,
Welsche und Germanen.
　　Jeder stiert nur unverwandt
　　auf das eigne kleine Land.
　　Jeder kräht auf seinem Mist,
　　weiß genau, was Wahrheit ist.
Aber du, mein guter Mann,
siehst dir die Gesellschaft an …
Na, und dann – was machste?
　　　　　　　　　　Lachste.

Joachim Ringelnatz
Unter Wasser Bläschen machen

Kinder, ein Rätsel! Hört mich an!
Wer es herausbekommt, kriegt Geld! – Wie kann
Man unter Wasser Bläschen machen?
Das müßt ihr versuchen – unbedingt! –
In der Badewanne. Und wenn es gelingt,
Werdet ihr lachen.

Rainer Maria Rilke

Du mußt das Leben nicht verstehen

Du mußt das Leben nicht verstehen,
dann wird es werden wie ein Fest.
Und laß dir jeden Tag geschehen
so wie ein Kind im Weitergehen
von jedem Wehen
sich viele Blüten schenken läßt.

Sie aufzusammeln und zu sparen,
das kommt dem Kind nicht in den Sinn.
Es löst sie leise aus den Haaren,
drin sie so gern gefangen waren,
und hält den lieben jungen Jahren
nach neuen seine Hände hin.

h. c. artmann

mit einem jahr ein kind

mit einem jahr ein kind,
mit zweien jahr ein jüngling,
mit dreien jahr ein mann,
mit vier jahr wohlgetan.
mit fünfen geht es auch noch an,
mit sechsen rückt das alter an.
mit sieben jahr ein greis,
mit acht jahr schneeweiß,
mit neun jahr leucht das morgenrot,
mit zehen jahr, ja grüß dich gott!

Kurt Tucholsky

Das Ideal

Ja, das möchste:
Eine Villa im Grünen mit großer Terrasse,
vorn die Ostsee, hinten die Friedrichstraße;
mit schöner Aussicht, ländlich-mondän,
vom Badezimmer ist die Zugspitze zu sehn –
aber abends zum Kino hast du's nicht weit.

Das Ganze schlicht, voller Bescheidenheit:

Neun Zimmer, – nein, doch lieber zehn!
Ein Dachgarten, wo die Eichen drauf stehn,
Radio, Zentralheizung, Vakuum,
eine Dienerschaft, gut gezogen und stumm,
eine süße Frau voller Rasse und Verve –
(und eine fürs Wochenend, zur Reserve) –,
eine Bibliothek und drumherum
Einsamkeit und Hummelgesumm.

Im Stall: Zwei Ponys, vier Vollbluthengste,
acht Autos, Motorrad – alles lenkste
natürlich selber – das wär' ja gelacht!
Und zwischendurch gehst du auf Hochwildjagd.

Ja, und das hab' ich ganz vergessen:
Prima Küche – erstes Essen –
Alte Weine aus schönem Pokal –
und egalweg bleibst du dünn wie ein Aal.
Und Geld. Und an Schmuck eine richtige Portion.

Und noch 'ne Million und noch 'ne Million.
Und Reisen. Und fröhliche Lebensbuntheit.
Und famose Kinder. Und ewige Gesundheit.

Ja, das möchste!

Aber, wie das so ist hienieden:
manchmal scheint's so, als sei es beschieden
nur pöapö, das irdische Glück.
Immer fehlt dir irgendein Stück.
Hast du Geld, dann hast du nicht Käten;
hast du die Frau, dann fehl'n dir Moneten –
hast du die Geisha, dann stört dich der Fächer:
bald fehlt uns der Wein, bald fehlt uns der Becher.

Etwas ist immer.

Tröste dich.

Jedes Glück hat einen kleinen Stich.
Wir möchten so viel: Haben. Sein. Und gelten.
Daß einer alles hat:
          das ist selten.

Bertolt Brecht

Lied von der Unzulänglichkeit menschlichen Strebens

Der Mensch lebt durch den Kopf
Der Kopf reicht ihm nicht aus
Versuch es nur, von deinem Kopf
Lebt höchstens eine Laus.

Denn für dieses Leben
Ist der Mensch nicht schlau genug
Niemals merkt er eben
Diesen Lug und Trug.

Ja, mach nur einen Plan
Sei nur ein großes Licht
Und mach dann noch 'nen zweiten Plan
Gehn tun sie beide nicht.

Denn für dieses Leben
Ist der Mensch nicht schlecht genug.
Doch sein höh'res Streben
Ist ein schöner Zug.

Ja, renn nur nach dem Glück
Doch renne nicht zu sehr
Denn alle rennen nach dem Glück
Das Glück rennt hinterher.

Denn für dieses Leben
Ist der Mensch nicht anspruchslos genug
Drum ist all sein Streben
Nur ein Selbstbetrug.

Was alles braucht's zum Paradies

Friederike Mayröcker
was brauchst du

was brauchst du? einen Baum ein Haus zu
ermessen wie grosz wie klein das Leben als Mensch
wie grosz wie klein wenn du aufblickst zur Krone
dich verlierst in grüner üppiger Schönheit
wie grosz wie klein bedenkst du wie kurz
dein Leben vergleichst du es mit dem Leben der Bäume
du brauchst einen Baum du brauchst ein Haus
keines für dich allein nur einen Winkel ein Dach
zu sitzen zu denken zu schlafen zu träumen
zu schreiben zu schweigen zu sehen den Freund
die Gestirne das Gras die Blume den Himmel

für Heinz Lunzer

Elisabeth Borchers

Was alles braucht's zum Paradies

Ein Warten ein Garten
eine Mauer darum
ein Tor mit viel Schloß und Riegel
ein Schwert eine Schneide aus Morgenlicht
ein Rauschen aus Blättern und Bächen
ein Flöten ein Harfen ein Zirpen
ein Schnauben (von lieblicher Art)
Arzneien aus Balsam und Düften
viel Immergrün und Nimmerschwarz
kein Plagen Klagen Hoffen
kein Ja kein Nein kein Widerspruch
ein Freudenlaut
ein allerlei Wiegen und Wogen
das Spielzeug eine Acht aus Gold
ein Heute und kein Morgen
der Zeitvertreib das Wunder
das Testament aus warmem Schnee
wer kommt wer ginge wieder
Wir werden es erfragen.

Hermann Hesse

Stufen

Wie jede Blüte welkt und jede Jugend
Dem Alter weicht, blüht jede Lebensstufe,
Blüht jede Weisheit auch und jede Tugend
Zu ihrer Zeit und darf nicht ewig dauern.
Es muß das Herz bei jedem Lebensrufe
Bereit zum Abschied sein und Neubeginne,
Um sich in Tapferkeit und ohne Trauern
In andre, neue Bindungen zu geben.
Und jedem Anfang wohnt ein Zauber inne,
Der uns beschützt und der uns hilft, zu leben.

Wir sollen heiter Raum um Raum durchschreiten,
An keinem wie an einer Heimat hängen,
Der Weltgeist will nicht fesseln uns und engen,
Er will uns Stuf' um Stufe heben, weiten.
Kaum sind wir heimisch einem Lebenskreise
Und traulich eingewohnt, so droht Erschlaffen,
Nur wer bereit zu Aufbruch ist und Reise,
Mag lähmender Gewöhnung sich entraffen.

Es wird vielleicht auch noch die Todesstunde
Uns neuen Räumen jung entgegen senden,
Des Lebens Ruf an uns wird niemals enden …
Wohlan denn, Herz, nimm Abschied und gesunde!

Johann Gottfried Herder
Ein Traum ist unser Leben

Ein Traum, ein Traum ist unser Leben
    Auf Erden hier.
Wie Schatten auf den Wogen schweben
    Und schwinden wir.
Und messen unsere trägen Schritte
    Nach Raum und Zeit;
Und sind (und wissens nicht) in Mitte
    Der Ewigkeit.

Robert Gernhardt

Paarreime in absteigender Linie

Von den Gästen

Was einer ist, was einer war,
beim Scheiden wird es offenbar.

Ruft er »Auf Nimmerwiedersehn«,
dann laß ihn frohen Herzens gehn.

Sagt er: »Lebt wohl, so leid mir's tut«,
dann seid mal lieber auf der Hut.

Tut er nur »Tschau, bis dann dann« brommen,
dann will das Arschloch wiederkommen.

Von der Ruhe

Du bist so fahrig und wärst gerne
ganz ruhig, guter Freund? Dann lerne:

Den Bereich der Dunkelheiten
immer heiter zu durchschreiten,

Das Erinnern, das Vergessen
stets zufrieden zu durchmessen,

Dich, sowie das Ich des Andern
muntern Sinnes zu durchwandern –:

Und du strahlst ne Ruhe aus,
die zieht dir die Schuhe aus.

Vom Leben

Dein Leben ist Dir nur geliehn –
Du sollst nicht daraus Vorteil ziehn.

Du sollst es ganz dem Andren weihn –
und der kannst nicht du selber sein.

Der Andre, das bin ich mein Lieber –
nu komm schon mit den Kohlen rüber.

Ernst Jandl
lichtung

manche meinen
lechts und rinks
kann man nicht velwechsern.
werch ein iiltum!

Wolf Biermann
Lied vom donnernden Leben

Das kann doch nicht alles gewesn sein
Das bißchen Sonntag und Kinderschrein
   das muß doch noch irgendwo hin gehn
     hin gehn

Die Überstunden, das bißchen Kies
Und aabns inner Glotze das Paradies
   da in kann ich doch keinen Sinn sehn
     Sinn sehn

Das kann doch nich alles gewesn sein
Da muß doch noch irgend was kommen! nein
   da muß doch noch Leebn ins Leebn
     eebn

He, Kumpel, wo bleibt da im Ernst mein Spaß?
Nur Schaffn und Raffn und Hustn und Haß
   und dann noch den Löffl abgebn
     gebn

Das soll nun alles gewesn sein
Das bißchen Fußball und Führerschein
   das war nun das donnernde Leebn
     Leebn

Ich will noch'n bißchen was Blaues sehn
Und will noch paar eckige Rundn drehn
    und dann erst den Löffel abgebn
        eebn

Thomas Rosenlöcher

Mozart

Ein Tastengeklacker. Und rumms rumms die Treppe
stapft der Tod hoch. Doch der Kerl ist schon wieder
auf und davon über alle Oktaven,
dreht grinsend den Kopf im Triolengestöber.

Noch heute läuft der Tod durch Wien
und schlägt nach im Knöchelverzeichnis
und verkauft der ratlosen Fachwelt
den falschen Schädel als echt.

Doch wieder hört er den Unsterblichkeitstriller
Und nimmt gleich den Fahrstuhl, den Falschen zu treffen,
der hier auch nur übte. Nicht traurig sein, Tod.
Kriegst ja sonst jeden, auch mich. – Lauf, da rennt er.

Noch bist du da

Reiner Kunze
Bittgedanke, dir zu Füßen

Stirb früher als ich, um ein weniges
früher

Damit nicht du
den weg zum haus
allein zurückgehn mußt

Rainer Maria Rilke

Ich lebe mein Leben in wachsenden Ringen

Ich lebe mein Leben in wachsenden Ringen,
die sich über die Dinge ziehn.
Ich werde den letzten vielleicht nicht vollbringen,
aber versuchen will ich ihn.

Ich kreise um Gott, um den uralten Turm,
und ich kreise jahrtausendelang;
und ich weiß noch nicht: bin ich ein Falke, ein Sturm
oder ein großer Gesang.

Hermann Hesse
Welkes Blatt

Jede Blüte will zur Frucht,
Jeder Morgen Abend werden,
Ewiges ist nicht auf Erden
Als der Wandel, als die Flucht.

Auch der schönste Sommer will
Einmal Herbst und Welke spüren.
Halte, Blatt, geduldig still,
Wenn der Wind dich will entführen.

Spiel dein Spiel und wehr dich nicht,
Laß es still geschehen.
Laß vom Winde, der dich bricht,
Dich nach Hause wehen.

Marie Luise Kaschnitz
Nicht mutig

Die Mutigen wissen
Daß sie nicht auferstehen
Daß kein Fleisch um sie wächst
Am jüngsten Morgen
Daß sie nichts mehr erinnern
Niemandem wiederbegegnen
Daß nichts ihrer wartet
Keine Seligkeit
Keine Folter
Ich
Bin nicht mutig.

Rose Ausländer
Noch bist du da

Noch bist du da
Wirf deine Angst
in die Luft

Bald
ist deine Zeit um
bald
wächst der Himmel
unter dem Gras
fallen deine Träume
ins Nirgends

Noch
duftet die Nelke
singt die Drossel
noch darfst du lieben
Worte verschenken
noch bist du da

Sei was du bist
Gib was du hast

Johann Wolfgang Goethe

Lynkeus der Türmer

Zum Sehen geboren,
Zum Schauen bestellt,
Dem Turme geschworen,
Gefällt mir die Welt.
Ich blick' in die Ferne,
Ich seh' in die Näh'
Den Mond und die Sterne,
Den Wald und das Reh.
So seh ich in allen
Die ewige Zier,
Und wie mir's gefallen,
Gefall ich auch mir.
Ihr glücklichen Augen,
Was je ihr gesehn,
Es sei, wie es wolle,
Es war doch so schön!

Robert Gernhardt

Ach

Ach, noch in der letzten Stunde
werde ich verbindlich sein.
Klopft der Tod an meine Türe,
rufe ich geschwind: Herein!

Woran soll es gehn? Ans Sterben?
Hab' ich zwar noch nie gemacht,
doch wir werd'n das Kind schon schaukeln –
na, das wäre ja gelacht!

Interessant so eine Sanduhr!
Ja, die halt ich gern mal fest.
Ach – und das ist Ihre Sense?
Und die gibt mir dann den Rest?

Wohin soll ich mich jetzt wenden?
Links? Von Ihnen aus gesehn?
Ach, von mir aus! Bis zur Grube?
Und wie soll es weitergehn?

Ja, die Uhr ist abgelaufen.
Wollen Sie die jetzt zurück?
Gibt's die irgendwo zu kaufen?
Ein so ausgefall'nes Stück

Findet man nicht alle Tage,
womit ich nur sagen will
– ach! Ich soll hier nichts mehr sagen?
Geht in Ordnung! Bin schon

Auf was nur einmal ist

Peter Rühmkorf

Auf was nur einmal ist

Für Heinrich Maria Ledig-Rowohlt

Manchmal fragt man sich: ist das das Leben?
Manchmal weiß man nicht: ist dies das Wesen?
Wenn du aufwachst, ist die Klappe zu.
Nichts eratmet, alles angelesen,
siehe, das bist du.

Und du denkst vielleicht: ich gehe unter,
bodenlos und fürchterlich –:
Einer aus dem großen Graupelhaufen,
nur um einen kleinen Flicken bunter,
siehe, das bin ich.

Aber dann, aufeinmalso, beim Schlendern,
lockert sich die Dichtung, bricht die Schale,
fliegen Funken zwischen Hut und Schuh:
Dieser ganz bestimmte Schlenker aus der Richtung,
dieser Stich ins Unnormale,
was nur einmal ist und auch nicht umzuändern:
siehe, das bist du.

Joseph von Eichendorff
Wunder über Wunder

Du wunderst wunderlich dich über Wunder,
Verschwendest Witzespfeile, blank geschliffen.
Was du begreifst, mein Freund, ist doch nur Plunder,
Und in Begriffen nicht mit einbegriffen
Ist noch ein unermeßliches Revier,
Du selber drin das größte Wundertier.

Barbara Köhler

Das blaue Wunder

Von der Brücke erkennen wir
einander im dunklen Spiegel
des Wassers unter uns fließt
der Himmel über uns

Hans Magnus Enzensberger
Der Fliegende Robert

Eskapismus, ruft ihr mir zu,
vorwurfsvoll.
Was denn sonst, antworte ich,
bei diesem Sauwetter! –,
spanne den Regenschirm auf
und erhebe mich in die Lüfte.
Von euch aus gesehen,
werde ich immer kleiner und kleiner,
bis ich verschwunden bin.
Ich hinterlasse nichts weiter
als eine Legende,
mit der ihr Neidhammel,
wenn es draußen stürmt,
euern Kindern in den Ohren liegt,
damit sie euch nicht davonfliegen.

Robert Gernhardt
Gebet

Lieber Gott, nimm es hin,
daß ich was Besond'res bin.
Und gib ruhig einmal zu,
daß ich klüger bin als du.
Preise künftig meinen Namen,
denn sonst setzt es etwas. Amen.

Ilse Aichinger
Nachruf

Gib mir den Mantel, Martin,
aber geh erst vom Sattel
und laß dein Schwert, wo es ist,
gib mir den ganzen.

Hans Magnus Enzensberger
Die Visite

Als ich aufsah von meinem leeren Blatt,
stand der Engel im Zimmer.

Ein ganz gemeiner Engel,
vermutlich unterste Charge.

Sie können sich gar nicht vorstellen,
sagte er, wie entbehrlich Sie sind.

Eine einzige unter fünfzehntausend Schattierungen
der Farbe Blau, sagte er,

fällt mehr ins Gewicht der Welt
als alles, was Sie tun oder lassen,

gar nicht zu reden vom Feldspat,
und von der Großen Magellanschen Wolke.

Sogar der gemeine Froschlöffel, unscheinbar wie er ist,
hinterließe eine Lücke, Sie nicht.

Ich sah es an seinen hellen Augen, er hoffte
auf Widerspruch, auf ein langes Ringen.

Ich rührte mich nicht. Ich wartete,
bis er verschwunden war, schweigend.

Friedrich Nietzsche

Nach neuen Meeren

Dorthin – *will* ich; und ich traue
Mir fortan und meinem Griff.
Offen liegt das Meer, in's Blaue
Treibt mein Genueser Schiff.

Alles glänzt mir neu und neuer,
Mittag schläft auf Raum und Zeit –:
Nur *dein* Auge – ungeheuer
Blickt mich's an, Unendlichkeit!

Theodor Fontane
Es kann die Ehre dieser Welt

Es kann die Ehre dieser Welt
Dir keine Ehre geben,
Was dich in Wahrheit hebt und hält,
Muß in dir selber leben.

Wenn's deinem Innersten gebricht
An echten Stolzes Stütze,
Ob dann die Welt dir Beifall spricht,
Ist all dir wenig nütze.

Das flücht'ge Lob, des Tages Ruhm
Magst du dem Eitlen gönnen;
Das aber sei dein Heiligtum:
Vor *dir* bestehen können.

Ernst Jandl
liegen, bei dir

ich liege bei dir, deine arme
halten mich. deine arme
halten mehr als ich bin.
deine arme halten, was ich bin
wenn ich bei dir liege und
deine arme mich halten.

Es schlug mein Herz

Johann Wolfgang Goethe

Willkomm und Abschied

Es schlug mein Herz, geschwind zu Pferde!
Es war getan fast eh' gedacht;
Der Abend wiegte schon die Erde,
Und an den Bergen hing die Nacht:
Schon stand im Nebelkleid die Eiche,
Ein aufgetürmter Riese, da,
Wo Finsternis aus dem Gesträuche
Mit hundert schwarzen Augen sah.

Der Mond von einem Wolkenhügel
Sah kläglich aus dem Duft hervor,
Die Winde schwangen leise Flügel,
Umsaus'ten schauerlich mein Ohr;
Die Nacht schuf tausend Ungeheuer;
Doch frisch und fröhlich war mein Mut:
In meinen Adern welches Feuer!
In meinem Herzen welche Glut!

Dich sah ich, und die milde Freude
Floß von dem süßen Blick auf mich;
Ganz war mein Herz an deiner Seite,
Und jeder Atemzug für dich.
Ein rosenfarbnes Frühlingswetter
Umgab das liebliche Gesicht,
Und Zärtlichkeit für mich – Ihr Götter!
Ich hofft' es, ich verdient' es nicht!

Doch ach! schon mit der Morgensonne
Verengt der Abschied mir das Herz:
In deinen Küssen, welche Wonne!
In deinem Auge, welcher Schmerz!
Ich ging, du standst und sahst zur Erden,
Und sahst mir nach mit nassem Blick:
Und doch, welch Glück geliebt zu werden!
Und lieben, Götter, welch ein Glück!

Heinrich Heine

Ich halte ihr die Augen zu

Ich halte ihr die Augen zu
Und küß sie auf den Mund;
Nun läßt sie mich nicht mehr in Ruh,
Sie fragt mich um den Grund.

Von Abend spät bis Morgens früh,
Sie fragt zu jeder Stund:
Was hältst du mir die Augen zu,
Wenn du mir küßt den Mund?

Ich sag ihr nicht, weshalb ichs tu,
Weiß selber nicht den Grund –
Ich halte ihr die Augen zu
Und küß sie auf den Mund.

Ricarda Huch

Wo hast du all die Schönheit hergenommen

Wo hast du all die Schönheit hergenommen,
Du Liebesangesicht, du Wohlgestalt!
Um dich ist alle Welt zu kurz gekommen.
Weil du die Jugend hast, wird alles alt,
Weil du das Leben hast, muß alles sterben,
Weil du die Kraft hast, ist die Welt kein Hort,
Weil du vollkommen bist, ist sie ein Scherben,
Weil du der Himmel bist, gibts keinen dort!

Bertolt Brecht
Terzinen über die Liebe

Sieh jene Kraniche in großem Bogen!
Die Wolken, welche ihnen beigegeben
Zogen mit ihnen schon, als sie entflogen

Aus einem Leben in ein andres Leben.
In gleicher Höhe und mit gleicher Eile
Scheinen sie alle beide nur daneben.

Daß also keines länger hier verweile
Daß so der Kranich mit der Wolke teile
Den schönen Himmel, den sie kurz befliegen

Und keines andres sehe als das Wiegen
Des andern in dem Wind, den beide spüren
Die jetzt im Fluge beieinander liegen.

So mag der Wind sie in das Nichts entführen;
Wenn sie nur nicht vergehen und sich bleiben
So lange kann sie beide nichts berühren

So lange kann man sie von jedem Ort vertreiben
Wo Regen drohen oder Schüsse schallen.
So unter Sonn und Monds wenig verschiedenen Scheiben

Fliegen sie hin, einander ganz verfallen.

Wohin ihr?
        Nirgend hin.

Von wem entfernt?

Von allen.

Ihr fragt, wie lange sind sie schon beisammen?
Seit kurzem.

Und wann werden sie sich trennen?

Bald.

So scheint die Liebe Liebenden ein Halt.

Heinrich Heine

Die Welt ist dumm

Die Welt ist dumm, die Welt ist blind,
Wird täglich abgeschmackter!
Sie spricht von dir, mein schönes Kind,
Du hast keinen guten Charakter.

Die Welt ist dumm, die Welt ist blind,
Und dich wird sie immer verkennen;
Sie weiß nicht, wie süß deine Küsse sind,
Und wie sie beseligend brennen.

Johann Wolfgang Goethe
Meine Ruh' ist hin

Meine Ruh' ist hin,
Mein Herz ist schwer;
Ich finde sie nimmer
und nimmermehr.

Wo ich ihn nicht hab'
Ist mir das Grab,
Die ganze Welt
Ist mir vergällt.

Mein armer Kopf
Ist mir verrückt,
Meiner armer Sinn
Ist mir zerstückt.

Meine Ruh' ist hin,
Mein Herz ist schwer;
Ich finde sie nimmer
und nimmermehr.

Nach ihm nur schau' ich
Zum Fenster hinaus,
Nach ihm nur geh' ich
Aus dem Haus.

Sein hoher Gang,
Sein' edle Gestalt,
Seines Mundes Lächeln,
Seiner Augen Gewalt,

Und seiner Rede
Zauberfluß,
Sein Händedruck,
Und ach! sein Kuß!

Meine Ruh' ist hin,
Mein Herz ist schwer,
Ich finde sie nimmer
und nimmermehr.

Mein Busen drängt
Sich nach ihm hin,
Ach dürft' ich fassen
Und halten ihn!

Und küssen ihn
So wie ich wollt',
An seinen Küssen
Vergehen sollt'!

Erich Fried

Was es ist

Es ist Unsinn
sagt die Vernunft
Es ist was es ist
sagt die Liebe

Es ist Unglück
sagt die Berechnung
Es ist nichts als Schmerz
sagt die Angst
Es ist aussichtslos
sagt die Einsicht
Es ist was es ist
sagt die Liebe

Es ist lächerlich
sagt der Stolz
Es ist leichtsinnig
sagt die Vorsicht
Es ist unmöglich
sagt die Erfahrung
Es ist was es ist
sagt die Liebe

Rainer Maria Rilke
Liebes-Lied

Wie soll ich meine Seele halten, daß
sie nicht an deine rührt? Wie soll ich sie
hinheben über dich zu andern Dingen?
Ach gerne möcht ich sie bei irgendwas
Verlorenem im Dunkel unterbringen
an einer fremden stillen Stelle, die
nicht weiterschwingt, wenn deine Tiefen schwingen.
Doch alles, was uns anrührt, dich und mich,
nimmt uns zusammen wie ein Bogenstrich,
der aus zwei Saiten *eine* Stimme zieht.
Auf welches Instrument sind wir gespannt?
Und welcher Geiger hat uns in der Hand?
O süßes Lied.

Else Lasker-Schüler

Ein alter Tibetteppich

Deine Seele, die die meine liebet
Ist verwirkt mit ihr im Teppichtibet

Strahl in Strahl, verliebte Farben,
Sterne, die sich himmellang umwarben.

Unsere Füsse ruhen auf der Kostbarkeit
Maschentausendabertausendweit.

Süsser Lamasohn auf Moschuspflanzentron
Wie lange küsst dein Mund den meinen wohl
Und Wang die Wange buntgeknüpfte Zeiten schon.

Komm zu mir in der Nacht

Bertolt Brecht

Morgens und abends zu lesen

Der, den ich liebe
Hat mir gesagt
Daß er mich braucht

Darum
Gebe ich auf mich acht
Sehe auf meinen Weg und
Fürchte von jedem Regentropfen
Daß er mich erschlagen könnte.

Peter Handke
Gelegenheitsgedicht

Schiefer, sehr dichter Regenfall
davor senkrecht vom Dach fallende
einzelne Tropfen
Das Geliebte ist unterwegs zu mir
Klopfendes Herz

Else Lasker-Schüler
Ein Liebeslied

Komm zu mir in der Nacht – wir schlafen engverschlungen.
Müde bin ich sehr, vom Wachen einsam.
Ein fremder Vogel hat in dunkler Frühe schon gesungen,
Als noch mein Traum mit sich und mir gerungen.

Es öffnen Blumen sich vor allen Quellen
Und färben sich mit deiner Augen Immortellen ....

Komm zu mir in der Nacht auf Siebensternenschuhen
Und Liebe eingehüllt spät in mein Zelt.
Es steigen Monde aus verstaubten Himmelstruhen.

Wir wollen wie zwei seltene Tiere liebesruhen
Im hohen Rohre hinter dieser Welt.

Heinrich Heine

Hast du die Lippen mir wund geküßt

Hast du die Lippen mir wund geküßt,
So küsse sie wieder heil,
Und wenn du bis Abend nicht fertig bist,
So hat es auch keine Eil.

Du hast ja noch die ganze Nacht,
Du Herzallerliebste mein!
Man kann in solch einer ganzen Nacht
Viel küssen und selig sein.

Ulla Hahn

Anständiges Sonett

> Schreib doch mal
> ein anständiges Sonett
> *St. H.*

Komm beiß dich fest ich halte nichts
vom Nippen. Dreimal am Anfang küß
mich wo's gut tut. Miß
mich von Mund zu Mund. Mal angesichts

der Augen mir Ringe um
und laß mich springen unter
der Hand in deine. Zeig mir wie's drunter
geht und drüber. Ich schreie ich bin stumm.

Bleib bei mir. Warte. Ich komm wieder
zu mir zu dir dann auch
»ganz wie ein Kehrreim schöner alter Lieder«.

Verreib die Sonnenkringel auf dem Bauch
mir ein und allemal. Die Lider
halt mir offen. Die Lippen auch.

Joachim Ringelnatz

Ferngruß von Bett zu Bett

Wie ich bei dir gelegen
Habe im Bett, weißt du es noch?
Weißt du noch, wie verwegen
Die Lust uns stand? Und wie es roch?

Und all die seidenen Kissen
Gehörten deinem Mann.
Doch uns schlug kein Gewissen.
Gott weiß, wie redlich untreu
Man sein kann.

Weißt du noch, wie wir's trieben,
Was nie geschildert werden darf?
Heiß, frei, besoffen, fromm und scharf.
Weißt du, daß wir uns liebten?
Und noch lieben?

Man liebt nicht oft in solcher Weise.
Wie fühlvoll hat dein spitzer Hund bewacht.
Ja unser Glück war ganz und rasch und leise.
Nun bist du fern.
Gute Nacht.

Bertolt Brecht

Ich will mit dem gehen, den ich liebe

Ich will mit dem gehen, den ich liebe.
Ich will nicht ausrechnen, was es kostet.
Ich will nicht nachdenken, ob es gut ist.
Ich will nicht wissen, ob er mich liebt.
Ich will mit ihm gehen, den ich liebe.

Hans Magnus Enzensberger
Die Vorzüge meiner Frau

Die Vorzüge meiner Frau sind zu zahlreich
für ein Blatt Din A4.
Sie ist ein Vielzeller mit knisternden Haaren,
die nachts, wenn sie schläft, vorzüglich gedeihen.
Jedes einzelne ist mir lieb. Mit weichen Stellen
ist sie wohl versehen. Wenn ihre Nüstern
ein wenig beben, dann weiß ich: sie denkt.
Wie oft sie denkt, und wie unwillkürlich sie lebt!
Ich weiß, sie kann ihre Zunge ringeln
kann fuseln. Wenn sie lacht oder zürnt,
zeigt sich am Mund eine neue Falte,
die mir gefällt. Nicht ganz weiß ist sie,
hat mehrere Farben. Auch ihre Atemzüge
sind zahlreich, ganz zu schweigen
von den mannigfaltigen Seelen in ihrer Brust
Es wundert mich, daß sie hier,
wo ich zufällig bin, meistens da ist.

Peter Turrini

Solange die Existenz

Solange die Existenz
und die Lage
des Paradieses
nicht geklärt sind
halte ich mich
an dich.

Mascha Kaléko

Ich und Du

Ich und Du wir waren ein Paar
Jeder ein seliger Singular
Liebten einander als Ich und als Du
Jeglicher Morgen ein Rendezvous
Ich und Du wir waren ein Paar
Glaubt man es wohl an die vierzig Jahr
Liebten einander in Wohl und in Wehe
Führten die einzig mögliche Ehe
Waren so selig wie Wolke und Wind
Weil zwei Singulare kein Plural sind.

Himmelhoch jauchzend, zum Tode betrübt

Gotthold Ephraim Lessing
Lied aus dem Spanischen

Gestern liebt' ich,
Heute leid' ich,
Morgen sterb' ich:
Dennoch denk' ich
Heut' und morgen
Gern an gestern.

Johann Wolfgang Goethe

Freudvoll und leidvoll

Freudvoll
und leidvoll,
gedankenvoll sein,
Langen
und bangen
in schwebender Pein,
Himmelhoch jauchzend,
zum Tode betrübt,
Glücklich allein
ist die Seele, die liebt.

Joachim Ringelnatz
Ich habe dich so lieb

Ich habe dich so lieb!
Ich würde dir ohne Bedenken
Eine Kachel aus meinem Ofen
Schenken

Ich habe dir nichts getan
Nun ist mir traurig zu Mut.
An den Hängen der Eisenbahn
Leuchtet der Ginster so gut.

Vorbei – verjährt –
Doch nimmer vergessen.
Ich reise.
Alles, was lange währt,
Ist leise.

Die Zeit entstellt
Alle Lebewesen.
Ein Hund bellt.
Er kann nicht lesen.
Er kann nicht schreiben.
Wir können nicht bleiben.

Ich lache.
Die Löcher sind die Hauptsache
An einem Sieb.

Ich habe dich so lieb.

Paul Celan

Meine dir zugewinkelte Seele

Meine
dir zugewinkelte Seele
hört dich
gewittern,

in deiner Halsgrube lernt
mein Stern, wie man wegsackt
und wahr wird,

ich fingre ihn wieder heraus –
komm, besprich dich mit ihm,
noch heute.

Heinrich Heine
Der Brief, den du geschrieben

Der Brief, den du geschrieben,
Er macht mich gar nicht bang;
Du willst mich nicht mehr lieben,
Aber dein Brief ist lang.

Zwölf Seiten, eng und zierlich!
Ein kleines Manuskript!
Man schreibt nicht so ausführlich,
Wenn man den Abschied gibt.

Joachim Ringelnatz
... *als eine Reihe von guten Tagen*

Wir wollen uns wieder mal zanken,
Auf etwas hacken wie Raben,
Daß unsre zufriednen Gedanken
Eine Ablenkung haben.

Wir wollen irgendein harmloses Wort
Entstellen,
Dann uns verleumden und zum Tort
Etwas tun; das schlägt dann Wellen.

Wir wollen dritte aufzuhetzen
Versuchen,
Dann unsere Freundschaft verfluchen,
Einmal sogar ein Messer wetzen,
Dann aber uns – in Blickweite –
Auseinander zusammensetzen,
Um superior jedem weiteren Streite
Auszuweichen;
Mit dem Schwur beiseite:
Uns nimmermehr zu vergleichen.

Dann wollen wir, jeder mit Ungeduld,
Ein paar Nächte schlecht träumen,
Dann heimlich eine gewisse Schuld
Dem anderen einräumen,

Dann lächeln, dann seufzen, dann stöhnen,
Dann plötzlich uns gründlich bezechen,
Dann von dem vergänglichen, wunderschönen
Leben sprechen.

Und dann uns wieder einmal versöhnen.

Johann Wolfgang Goethe

Das Beste

Wenn dir's in Kopf und Herzen schwirrt,
Was willst du Beßres haben!
Wer nicht mehr liebt und nicht mehr irrt,
Der lasse sich begraben!

Bleib erschütterbar und widersteh

Joachim Ringelnatz
Freude

Freude soll nimmer schweigen.
Freude soll offen sich zeigen.
Freude soll lachen, glänzen und singen.
Freude soll danken ein Leben lang.
Freude soll dir die Seele durchschauern.
Freude soll weiterschwingen.
Freude soll dauern
Ein Leben lang.

Bertolt Brecht

Vergnügungen

Der erste Blick aus dem Fenster am Morgen
Das wiedergefundene alte Buch
Begeisterte Gesichter
Schnee, der Wechsel der Jahreszeiten
Die Zeitung
Der Hund
Die Dialektik
Duschen, Schwimmen
Alte Musik
Bequeme Schuhe
Begreifen
Neue Musik
Schreiben, Pflanzen
Reisen
Singen
Freundlich sein

Rose Ausländer

Nicht fertig werden

Die Herzschläge nicht zählen
Delphine tanzen lassen
Länder aufstöbern
Aus Worten Welten rufen
horchen was Bach
zu sagen hat
Tolstoi bewundern
sich freuen
trauernd
höher leben
tiefer leben
noch und noch
nicht fertig werden

Peter Rühmkorf
Bleib erschütterbar und widersteh

Also heut: zum Ersten, Zweiten Letzten:
allen Durchgedrehten, Umgehetzten,
was ich, kaum erhoben, wanken seh,
gestern an- und morgen abgeschaltet:
Eh dein Kopf zum Totenkopf erkaltet:
Bleib erschütterbar – doch widersteh.

Die uns Erde, Wasser, Luft versauen
(Fortschritt marsch! mit Gas und Gottvertrauen)
Ehe sie dich einvernehmen, eh
du im Strudel bist und schon im Solde,
wartend, daß die Kotze sich vergolde:
Bleib erschütterbar – und widersteh.

Schön, wie sich die Sterblichen berühren –
Knüppel zielen schon auf Herz und Nieren,
daß der Liebe gleich der Mut vergeh …
Wer geduckt steht, will auch andre biegen
(Sorgen brauchst du dir nicht selber zuzufügen;
alles was gefürchtet wird, wird wahr –)
Bleib erschütterbar
Bleib erschütterbar – und widersteh.

Widersteht! im Siegen Ungeübte;
zwischen Scylla hier und dort Charybde
schwankt der Wechselkurs der Odyssee …
Finsternis kommt reichlich nachgeflossen;
aber du mit – such sie dir! – Genossen!

teilst das Dunkel, und es teilt sich die Gefahr
Leicht und jäh – –
Bleib erschütterbar –
Bleib erschütterbar – doch widersteh.

Erich Kästner

Was auch geschieht!

Was auch immer geschieht:
Nie dürft ihr so tief sinken,
von dem Kakao, durch den man euch zieht,
auch noch zu trinken!

Wolf Biermann

Ermutigung

Peter Huchel gewidmet

Du, laß dich nicht verhärten
In dieser harten Zeit
Die all zu hart sind, brechen,
Die all zu spitz sind, stechen
und brechen ab sogleich

Du, laß dich nicht verbittern
In dieser bittren Zeit
Die Herrschenden erzittern
– sitzt du erst hinter Gittern –
Doch nicht vor deinem Leid

Du, laß dich nicht erschrecken
In dieser Schreckenszeit
Das wolln sie doch bezwecken
Daß wir die Waffen strecken
Schon vor dem großen Streit

Du, laß dich nicht verbrauchen
Gebrauche Deine Zeit
Du kannst nicht untertauchen
Du brauchst uns, und wir brauchen
Grad deine Heiterkeit

Wir wolln es nicht verschweigen
In dieser Schweigezeit
Das Grün bricht aus den Zweigen
Wir wolln das allen zeigen
Dann wissen sie Bescheid

Viel Glück und beßre Zeiten

Angela Krauß

Sei ganz ruhig

Sei ganz ruhig.
Das Leben besteht nicht aus Sensationen,
es läuft nicht davon,
es bietet keine verpaßten Gelegenheiten,
es wird nicht einmal weniger mit den Jahren.
Dreh dich nur beiläufig um:
Es wird mehr.

Ralf Rothmann

Brutto, Baby

In goldenen Märchen aufzuwachen
ist uns nicht gegeben.
Wir wohnen im Brot,
um Lieder aus dem Traum zu machen.
Hiersein tut not.

Was soll das Gerede von Hunger und Gruft,
was die Frage, wie wir leben.
Ich kann es nicht sagen.
Werfen wir uns in die Luft.
Sie wird uns tragen.

Hilde Domin

Wer es könnte

Wer es könnte
die Welt
hochwerfen
daß der Wind
hindurchfährt.

Elisabeth Borchers

Ich will ihn heben

Ich will ihn heben
den versunkenen Schatz
das Gold, die Lieb, den Edelstein
Ich will die Weltenuhr verrücken
Ich weiß, es wird nicht einfach sein
Ich weiß, es wird mir nie und nimmer glücken
So laß die Sterne leuchten
Und sei's nur einer: der ist dein

Paul Celan

Zerr dir den Traum vom Stapel

Zerr dir den Traum vom Stapel,
pack deinen Schuh rein,

Rauschelbeeräugige, komm,
schnür zu.

Hans-Ulrich Treichel
Viel Glück

Viel Glück und liebe Grüße
und hunderttausend Küsse, an alle
Hungerleider, an alle Beutelschneider,
an alle Mauerspringer, an alle
Fähnchenschwinger, viel Glück und
wunde Füße und hunderttausend Bisse,
an alle die wir kennen, an alle
die noch pennen, viel Glück und laß
dirs gutgehn, und laß dir einen Hut
stehn, mit einem Ziegenbart, auf daß
wir nichts vergessen, die Liebe und
das Fressen, auf daß der Wind sich
dreht, so gut es eben geht, viel Glück
und beßre Zeiten, beim Laufen
und beim Reiten, und auch beim
Diskuswerfen, wir wolln die Messer
schärfen, und leg den Strick gut weg,
du kennst ja das Versteck.

Michael Buselmeier

Lob der Landschaftsmalerei

Als die Häscher des Kaisers
in die Hütte eindrangen
sahen sie den Maler
auf einem Weg seines letzten
Bildes davonlaufen.

Guckt, eine Murmel!

Helmut Krausser
Guckt, eine Murmel!

Guckt, eine Murmel!
Sagen die Säue.
Leider nicht bunt. Und
auch nicht ganz rund.
Sagen die Säue.

Ernst Jandl

ottos mops

ottos mops trotzt
otto: fort mops fort
ottos mops hopst fort
otto: soso

otto holt koks
otto holt obst
otto horcht
otto: mops mops
otto hofft

ottos mops klopft
otto: komm mops komm
ottos mops kommt
ottos mops kotzt
otto: ogottogott

Christian Morgenstern
Das ästhetische Wiesel

Ein Wiesel
saß auf einem Kiesel
inmitten Bachgeriesel.

Wißt ihr
weshalb?

Das Mondkalb
verriet es mir
im Stillen:

Das raffinier-
te Tier
tat's um des Reimes willen.

Christian Morgenstern
Fisches Nachtgesang

‒

◡ ◡

‒ ‒ ‒

◡ ◡ ◡ ◡

‒ ‒ ‒

◡ ◡ ◡ ◡

‒ ‒ ‒

◡ ◡ ◡ ◡

‒ ‒ ‒

◡ ◡ ◡ ◡

‒ ‒ ‒

◡ ◡

‒

Joachim Ringelnatz

Im Park

Ein ganz kleines Reh stand am ganz kleinen Baum
Still und verklärt wie im Traum.
Das war des Nachts elf Uhr zwei.
Und dann kam ich um vier
Morgens wieder vorbei,
Und da träumte noch immer das Tier.
Nun schlich ich mich leise – ich atmete kaum –
Gegen den Wind an den Baum,
Und gab dem Reh einen ganz kleinen Stips.
Und da war es aus Gips.

Christian Morgenstern

Möwenlied

Die Möwen sehen alle aus,
als ob sie Emma hießen.
Sie tragen einen weißen Flaus
und sind mit Schrot zu schießen.

Ich schieße keine Möwe tot,
Ich laß sie lieber leben –
und füttre sie mit Roggenbrot
und rötlichen Zibeben.

O Mensch, du wirst nie nebenbei
der Möwe Flug erreichen.
Wofern du Emma heißest, sei
zufrieden, ihr zu gleichen.

Reich bin ich durch ich weiß nicht was

Eduard Mörike

Er ist's

Frühling läßt sein blaues Band
Wieder flattern durch die Lüfte;
Süße, wohlbekannte Düfte
Streifen ahnungsvoll das Land.
Veilchen träumen schon,
Wollen balde kommen.
– Horch, von fern ein leiser Harfenton!
Frühling, ja du bist's!
Dich hab ich vernommen!

Heinrich Heine
Im wunderschönen Monat Mai

Im wunderschönen Monat Mai,
Als alle Knospen sprangen,
Da ist in meinem Herzen
Die Liebe aufgegangen.

Im wunderschönen Monat Mai,
Als alle Vögel sangen,
Da hab ich ihr gestanden
Mein Sehnen und Verlangen.

Erich Kästner

Prima Wetter

Wo sind die Tage, die so traurig waren
und deren Traurigkeit uns so bezwang?
Die Sonne scheint. Das Jahr ist sich im klaren,
es ist, um schreiend aus der Haut zu fahren
und als Ballon den blauen Himmel lang!

Die grünen Bäume sind ganz frisch gewaschen.
Der Himmel ist aus riesenblauem Taft.
Die Sonnenstrahlen spielen kichernd Haschen.
Man sitzt und lächelt, zieht das Glück auf Flaschen
und lebt mit sich in bester Nachbarschaft.

Man könnte, denkt man, wenn man wollte, fliegen.
Vom Stuhle fort. Mit Kuchen und Kaffee.
Auf weißen Wolken wie auf Sofas liegen
und sich gelegentlich vornüber biegen
und denken: »Also das dort ist die Spree.«

Man könnte sich mit Blumen unterhalten
und Wiesen streicheln wie sein Fräulein Braut.
Man könnte sich in tausend Teile spalten
und vor Begeisterung die Hände falten.
Sie sind nur gar nicht mehr dafür gebaut.

Man zieht sich voller Zweifel an den Haaren.
Die Sonne scheint, als hätt' es wieder Sinn.
Wo sind die Tage, die so traurig waren?
Es ist, um förmlich aus der Haut zu fahren.
Die größte Schwierigkeit ist nur: Wohin?

Eva Strittmatter

Große Nächte

Die gelben Lilien und die lilanen Lupinen,
Kastanien blühn und Fliederbaum.
Spät blühn Holunder und Robinen
Und drängen weiß in unsern Traum.
Im Juni, in den großen Nächten,
Macht manches Mal ihr Duft uns wach.
Was wir an Süße da genießen,
Geht uns noch im Dezember nach.

Robert Walser

Sommer

Im Sommer ißt man grüne Bohnen,
Pfirsiche, Kirschen und Melonen.
In jeder Hinsicht schön und lang
bilden die Tage einen Klang.

Durch Länder fahren Eisenbahnen,
auf Häusern flattern lust'ge Fahnen.
Wie ist's in einem Boote schön
umgeben von gelinden Höhn.

Das Hochgebirge trägt noch Schnee,
die Blumen duften. Auf dem See
kann man mit Glücklichsein und Singen
vergnügt die lange Zeit verbringen.

Reich bin ich durch ich weiß nicht was,
man liest im Buch und liegt im Gras
und hört von üb'rall die dummen,
unnützen Mücken, Fliegen summen.

Rainer Maria Rilke

Herbst

Die Blätter fallen, fallen wie von weit,
als welkten in den Himmeln ferne Gärten;
sie fallen mit verneinender Gebärde.

Und in den Nächten fällt die schwere Erde
aus allen Sternen in die Einsamkeit.

Wir alle fallen. Diese Hand da fällt.
Und sieh dir andre an: es ist in allen.

Und doch ist Einer, welcher dieses Fallen
unendlich sanft in seinen Händen hält.

Joseph von Eichendorff

Mondnacht

Es war, als hätt' der Himmel
Die Erde still geküßt,
Daß sie im Blüten-Schimmer
Von ihm nun träumen müßt'.

Die Luft ging durch die Felder,
Die Ähren wogten sacht,
Es rauschten leis die Wälder,
So sternklar war die Nacht.

Und meine Seele spannte
Weit ihre Flügel aus,
Flog durch die stillen Lande,
Als flöge sie nach Haus.

Quellennachweise

Ilse Aichinger (geb. 1921)
Nachruf. Aus: Ilse Aichinger, Verschenkter Rat. Gedichte. © S. Fischer Verlag GmbH, Frankfurt am Main, 1978.

h. c. artmann (1921-2000)
mit einem jahr ein kind. Aus: h. c. artmann, ein lilienweißer brief aus lincolnshire. gedichte aus 21 jahren. Herausgegeben und mit einem Nachwort von Gerald Bisinger. Suhrkamp Verlag, Frankfurt am Main 1969. © H.C. Artmann. Abdruck mit freundlicher Genehmigung von Rosa Artmann.

Rose Ausländer (1901-1988)
Nicht fertig werden. Aus: Rose Ausländer, Wieder ein Tag aus Glut und Wind. Gedichte 1980-1982. © S. Fischer Verlag GmbH, Frankfurt am Main 1986.
Noch bist du da. Aus: Rose Ausländer, Ich höre das Herz des Oleanders. Gedichte 1977-1979. © S. Fischer Verlag GmbH, Frankfurt am Main 1984.

Ingeborg Bachmann (1926-1973)
Harlem. Aus: Ingeborg Bachmann: Werke, Band 1. Gedichte. © 1978 Piper Verlag GmbH, München.

Wolf Biermann (geb. 1936)
Ermutigung. Aus: Wolf Biermann, Alle Lieder. Hoffmann & Campe Verlag, Hamburg. Copyright © 1966 by Wolf Biermann.
Lied vom donnernden Leben. Aus: Wolf Biermann, Alle Lieder. Hoffmann & Campe Verlag, Hamburg. Copyright © 1975 by Wolf Biermann.

Elisabeth Borchers (1926-2013)
Das Meer wirft seine Kronen an Land; Ich will ihn heben. Aus: Elisabeth Borchers, Eine Geschichte auf Erden. Gedichte. © 2002 Suhrkamp Verlag, Frankfurt am Main.
Was alles braucht's zum Paradies. Aus: Elisabeth Borchers, Wer lebt. Gedichte. © 1986 Suhrkamp Verlag, Frankfurt am Main.

Thomas Brasch (1945-2001)
Der schöne 27. September. Aus: Thomas Brasch, »Die nennen das Schrei«. Gesammelte Gedichte. Herausgegeben von Martina Hanf und Kristin Schulz. © 2013 Suhrkamp Verlag, Berlin.

Bertolt Brecht (1898-1956)
Erinnerungen an Marie A.; Vom Schwimmen in Seen und Flüssen. Aus: Bertolt Brecht, Werke. Große kommentierte Berliner und Frankfurter Ausgabe. Band 11: Gedichte 1. Sammlungen 1918-1938. Bearbeitet von Jan Knopf und Gabriele Knopf. © 1988 Bertolt-Brecht-Erben und Suhrkamp Verlag, Berlin.
Ich will mit dem gehen, den ich liebe; Morgens und abends zu lesen; Terzinen über die Liebe. Aus: Bertolt Brecht, Werke. Große kommentierte Berliner und Frankfurter Ausgabe. Band 14: Gedichte 4. Gedichte und Gedichtfragmente 1928-1939. Bearbeitet von Jan Knopf und Brigitte Bergheim unter Mitarbeit von Annette Ahlborn, Günter Berg und Michael Duchardt. © 1993 Bertolt-Brecht-Erben und Suhrkamp Verlag, Berlin.
Lied von der Unzulänglichkeit menschlichen Strebens. Aus: Bertolt Brecht, Werke. Große kommentierte Berliner und Frankfurter Ausgabe. Band 2: Stücke 2. Bearbeitet von Jürgen Schebera. © 1988 Bertolt-Brecht-Erben und Suhrkamp Verlag, Berlin.
Vergnügungen. Aus: Bertolt Brecht, Werke. Große kommentierte Berliner und Frankfurter Ausgabe. Band 15: Gedichte 5. Gedichte und Gedichtfragmente 1940-1956. Bearbeitet von Jan Knopf und Brigitte Bergheim unter Mitarbeit von Annette Ahlborn, Günter Berg und Michael Duchardt. © 1993 Bertolt-Brecht-Erben und Suhrkamp Verlag, Berlin.

Michael Buselmeier (geb. 1938)
Lob der Landschaftsmalerei. Aus: Michael Buselmeier, Radfahrt gegen Ende des Winters. Gedichte. © 1982 Suhrkamp Verlag, Frankfurt am Main.

Paul Celan (1920-1970)
Meine dir zugewinkelte Seele; Leb die Leben, leb sie alle; Zerr dir den Traum vom Stapel. Aus: Paul Celan, Die Gedichte. Kommentierte Gesamtausgabe in einem Band. Herausgegeben und kommentiert von Barbara Wiedemann. © 2003 Suhrkamp Verlag, Frankfurt am Main.

Hilde Domin (1912-2006)
Wahl; Wer es könnte. Aus: Hilde Domin, Gesammelte Gedichte. © S. Fischer Verlag GmbH, Frankfurt am Main 1987.

Marie von Ebner-Eschenbach (1830-1916)
Ein kleines Lied. Aus: Marie von Ebner-Eschenbach, Gesammelte Schriften. Erster Band: Aphorismen, Parabeln, Märchen und Gedichte. Verlag von Gebrüder Paetel, Berlin 1893.

Joseph von Eichendorff (1788-1857)
Mondnacht; Wunder über Wunder; Wünschelrute. Aus: Joseph von Eichendorff, Sämtliche Gedichte und Versepen. Herausgegeben von Hartwig Schultz. Insel Verlag Frankfurt am Main und Leipzig 2005.

Hans Magnus Enzensberger (geb. 1929)
Chinesische Akrobaten; Der Fliegende Robert; Die Visite; Die Vorzüge meiner Frau; Empfänger unbekannt – Retour à l'expéditeur. Aus: Hans Magnus Enzensberger, Gedichte 1950-2010. © 2010 Suhrkamp Verlag, Berlin.

Theodor Fontane (1819-1898)
Es kann die Ehre dieser Welt. Aus: Theodor Fontane, Die Gedichte. Herausgegeben von Otto Drude. Insel Verlag Frankfurt am Main und Leipzig 2000.

Erich Fried (1921-1988)
Was es ist. Aus: Erich Fried, Es ist was es ist. © Verlag Klaus Wagenbach, Berlin 1983.

Robert Gernhardt (1937-2006)
Ach; Deutung eines allegorischen Gemäldes; Gebet; Paarreime in absteigender Linie; Schön, schöner, am schönsten. Aus: Robert Gernhardt, Gesammelte Gedichte 1954-2006. © S. Fischer Verlag GmbH, Frankfurt am Main 2008.

Johann Wolfgang Goethe (1749-1832)
Erinnerung; Willkomm und Abschied. Aus: Johann Wolfgang Goethe,
Sämtliche Werke. Briefe, Tagebücher und Gespräche. 1. Abteilung: Sämt-
liche Werke. Band 1: Gedichte 1756-1799. Herausgegeben von Karl Eibl.
Deutscher Klassiker Verlag Frankfurt am Main 1987.
Das Beste. Aus: Johann Wolfgang Goethe, Sämtliche Werke. Briefe, Tage-
bücher und Gespräche. 1. Abteilung: Sämtliche Werke. Band 2: Gedichte
1800-1832. Herausgegeben von Karl Eibl. Deutscher Klassiker Verlag
Frankfurt am Main 1988.
Freudvoll und leidvoll. Aus: Johann Wolfgang Goethe, Sämtliche Werke.
Briefe, Tagebücher und Gespräche. 1. Abteilung: Sämtliche Werke. Band 5:
Dramen 1776-1790. Herausgegeben von Dieter Borchmeyer unter Mit-
arbeit von Peter Huber. Deutscher Klassiker Verlag Frankfurt am Main
1988.
Lynkeus der Türmer; Meine Ruh ist hin. Aus: Johann Wolfgang Goethe,
Faust. Texte. Herausgegeben von Albrecht Schöne. 6., revidierte Auflage,
Deutscher Klassiker Verlag im Taschenbuch Frankfurt am Main 2005.

Durs Grünbein (geb. 1962)
Begrüßung einer Prinzessin. Aus: Durs Grünbein, Una storia vera. Ein
Kinderalbum in Versen. © Insel Verlag Frankfurt am Main und Leipzig
2002.

Andreas Gryphius (1616-1664)
Betrachtung der Zeit. Aus: Andreas Gryphius, Gesamtausgabe der deutsch-
sprachigen Werke. Herausgegeben von Marian Szyrocki. Band 2: Oden
und Epigramme. Max Niemeyer Verlag, Tübingen 1964.

Ulla Hahn (geb. 1946)
Anständiges Sonett. Aus: Ulla Hahn, Herz über Kopf. © 1981, Deutsche
Verlags-Anstalt, München, in der Verlagsgruppe Random House GmbH.

Peter Handke (geb. 1942)
Die Aufstellung des 1. FC Nürnberg vom 27. 1. 1968. Aus: Peter Handke,
Die Innenwelt der Außenwelt der Innenwelt. © 1969 Suhrkamp Verlag,
Frankfurt am Main.
Gelegenheitsgedicht. Aus: Peter Handke, Das Ende des Flanierens.
© 1980 Suhrkamp Verlag, Frankfurt am Main.

Heinrich Heine (1797-1856)
Der Brief, den du geschrieben; Die Welt ist dumm; Hast du die Lippen mir wund geküßt; Ich halte ihr die Augen zu; Im wunderschönen Monat Mai. Aus: Heinrich Heine, Sämtliche Gedichte in zeitlicher Folge. Herausgegeben von Klaus Briegleb. Insel Verlag Frankfurt am Main und Leipzig 1997.

Johann Gottfried Herder (1744-1803)
Ein Traum ist unser Leben. Erste Strophe von »Amor und Psyche auf einem Grabmal. 1796«. Aus: Johann Gottfried Herder's sämmtliche Werke. Zur schönen Literatur und Kunst. Dritter Theil. J. G. Cotta'sche Buchhandlung, Stuttgart und Tübingen 1827.

Hermann Hesse (1877-1962)
Blauer Schmetterling; Die leise Wolke; Gute Stunde; Stufen; Welkes Blatt. Aus: Hermann Hesse, Sämtliche Werke. Herausgegeben von Volker Michels. Band 10: Die Gedichte. Bearbeitet von Peter Huber. © 2002 Suhrkamp Verlag, Frankfurt am Main.

Ricarda Huch (1864-1947)
Wo hast du all die Schönheit hergenommen. Aus: Ricarda Huch, Gesammelte Gedichte. H. Haessel Verlag und Insel Verlag, Leipzig 1929.

Peter Huchel (1903-1981)
Der glückliche Garten. Aus: Peter Huchel, Gesammelte Werke in zwei Bänden. Herausgegeben von Axel Vieregg. Band 1: Die Gedichte. Suhrkamp Verlag Frankfurt am Main 1984. © Mathias Bertram, Berlin.

Ernst Jandl (1925-2000)
lichtung; liegen, bei dir; ottos mops. Aus: Ernst Jandl, Poetische Werke. Herausgegeben von Klaus Siblewski. © 1997 Luchterhand Literaturverlag, München, in der Verlagsgruppe Random House GmbH.

Mascha Kaléko (1912-1975)
Ich und Du; Sozusagen grundlos vergnügt. Aus: Mascha Kaléko, In meinen Träumen läutet es Sturm. Gedichte und Epigramme aus dem Nachlaß. © 1977 dtv Verlagsgesellschaft mbH & Co. KG, München.

Marie Luise Kaschnitz (1901-1974)
Nicht mutig. Aus: Marie Luise Kaschnitz, Gesammelt Werke. Herausgegeben von Christian Büttrich und Norbert Miller. Fünfter Band: Die Gedichte. © Insel Verlag Frankfurt am Main 1985.

Erich Kästner (1899-1974)
Prima Wetter. Aus: Doktor Erich Kästners lyrische Hausapotheke © Atrium Verlag, Zürich 1936 und Thomas Kästner.
Was auch geschieht! Aus: Erich Kästner, Gesang zwischen den Stühlen © Atrium Verlag, Zürich 1932 und Thomas Kästner.

Barbara Köhler (geb. 1959)
Das blaue Wunder. Aus: Barbara Köhler, Deutsches Roulette. Gedichte 1984-1989. © 1991 Suhrkamp Verlag, Frankfurt am Main.

Karl Kraus (1874-1936)
Post festum. Aus: Karl-Kraus-Lesebuch. Herausgegeben von Hans Wollschläger. © 1987 Suhrkamp Verlag, Frankfurt am Main.

Angela Krauß (geb. 1950)
Sei ganz ruhig. Aus: Angela Krauß, Ich muß mein Herz üben. Gedichte. © Insel Verlag Frankfurt am Main und Leipzig 2009.

Helmut Krausser (geb. 1964)
Guckt, eine Murmel! Aus: Helmut Krausser, Plasma. Gedichte 03-07. © 2007 DuMont Buchverlag, Köln.

Reiner Kunze (geb. 1933)
Bittgedanke, dir zu Füßen. Aus: Reiner Kunze, Gedichte. © S. Fischer Verlag GmbH, Frankfurt am Main 2001.

Else Lasker-Schüler (1869-1945)
Ein alter Tibetteppich; Ein Liebeslied. Aus: Else Lasker-Schüler, Werke und Briefe. Kritische Ausgabe. Im Auftrag des Franz Rosenzweig-Zentrums der Hebräischen Universität Jerusalem, der Bergischen Universität Wuppertal und des Deutschen Literaturarchivs Marbach am Neckar herausgegeben von Norbert Oellers u. a. Bd. I.I: Else Lasker-Schüler, Gedichte. Bearbeitet von Karl Jürgen Skrodzki unter Mitarbeit von Norbert Oellers. © 1996 Jüdischer Verlag im Suhrkamp Verlag, Frankfurt am Main.

Gotthold Ephraim Lessing (1729-1781)
Lied aus dem Spanischen. Aus: Gotthold Ephraim Lessing, Werke und
Briefe in zwölf Bänden. Band 3: Werke 1754-1757. Herausgegeben von
Conrad Wiedemann unter Mitwirkung von Wilfried Barner und Jürgen
Stenzel. Deutscher Klassiker Verlag Frankfurt am Main 2003.

Friederike Mayröcker (geb. 1924)
was brauchst du. Aus: Friederike Mayröcker, Gesammelte Gedichte
1939-2003. Herausgegeben von Marcel Beyer. © 2004 Suhrkamp Verlag,
Frankfurt am Main.

Christian Morgenstern (1871-1914)
Das ästhetische Wiesel; Fisches Nachtgesang; Möwenlied. Aus: Christian
Morgenstern, Gedichte in einem Band. Herausgegeben von Reinhardt
Habel. Insel Verlag Frankfurt am Main und Leipzig 2004.

Eduard Mörike (1804-1875)
Er ist's. Aus: Eduard Mörike, Gedichte in einem Band. Insel Verlag
Frankfurt am Main und Leipzig 2001.

Friedrich Nietzsche (1844-1900)
Nach neuen Meeren. Aus: Friedrich Nietzsche, Gedichte. Nach den Erst-
drucken 1878 bis 1908. Herausgegeben von Ralph Kray und Karl Riha unter Mitarbeit von Mario Leis. Insel Verlag Frankfurt am Main und Leipzig 1994.

Meret Oppenheim (1913-1985)
Von Beeren nährt man sich. Aus: Meret Oppenheim, Husch, husch, der
schönste Vokal entleert sich. Gedichte, Prosa. Herausgegeben von Chris-
tiane Meyer Thoss. © 2002 Suhrkamp Verlag, Frankfurt am Main.

Rainer Maria Rilke (1874-1926)
Das Karussell; Du mußt das Leben nicht verstehen; Herbst; Ich lebe
mein Leben in wachsenden Ringen; Liebes-Lied. Aus: Rainer Maria Rilke, Die Gedichte. Insel Verlag Frankfurt am Main 1986.

Joachim Ringelnatz (1883-1934)
… als eine Reihe von guten Tagen; Freude. Aus: Lebenslust mit Joachim
Ringelnatz. Ausgewählt von Kathrin Grothe. Insel Verlag Berlin 2010.

Ein Lied, das der berühmte Philosoph Haeckel …; Ferngruß von Bett zu Bett; Ich habe dich so lieb; Im Park; Morgenwonne; Überall. Aus: Joachim Ringelnatz, Warten auf den Bumerang. Gedichte. Ausgewählt und illustriert von Robert Gernhardt. © Insel Verlag Frankfurt am Main und Leipzig 2005.
Sommerfrische. Aus: Joachim Ringelnatz, Sämtliche Gedichte. Diogenes Verlag, Zürich 2005.
Unter Wasser Bläschen machen. Aus: Ringelnatz für Kinder. Wenn du einen Schneck behauchst. Ausgewählt von Peter Härtling. Illustriert von Hans Traxler. Insel Verlag Frankfurt am Main und Leipzig 2008.

Thomas Rosenlöcher (geb. 1947)
Mozart. Aus: Thomas Rosenlöcher, Hirngefunkel. Gedichte. © Insel Verlag Berlin 2012.

Ralf Rothmann (geb. 1953)
Brutto, Baby. Aus: Ralf Rothmann, Gebet in Ruinen. Gedichte. © 2000 Suhrkamp Verlag, Frankfurt am Main.

Peter Rühmkorf (1929-2008)
Auf was nur einmal ist; Bleib erschütterbar und widersteh. Aus: Peter Rühmkorf, Gedichte – Werke 1. Herausgegeben von Bernd Rauschenbach. Copyright © 2000 Rowohlt Verlag GmbH, Reinbek bei Hamburg.

Friedrich Schiller (1759-1805)
Hoffnung. Aus: Friedrich Schiller, Werke und Briefe in zwölf Bänden. Band 1: Gedichte. Herausgegeben von Georg Kurscheidt. Deutscher Klassiker Verlag Frankfurt am Main 1992.

Eva Strittmatter (1930-2011)
Große Nächte. Aus: Eva Strittmatter, Sämtliche Gedichte. Aufbau Verlag, 2006 (Das Gedicht erschien erstmals 1973 in Eva Strittmatters Gedichtband »Ich mach ein Lied aus Stille«). © Aufbau Verlag GmbH & Co. KG Berlin 1973, 2008.

Hans-Ulrich Treichel (geb. 1952)
Viel Glück. Aus: Hans-Ulrich Treichel, Liebe Not. Gedichte. © 1986 Suhrkamp Verlag, Frankfurt am Main.

Kurt Tucholsky (1890-1935)
An das Baby; Das Ideal; Parc Monceau. Aus: Kurt Tucholsky, Gedichte in einem Band. Herausgegeben von Ute Maack und Andrea Spingler. Insel Verlag Frankfurt am Main und Leipzig 2006.

Peter Turrini (geb. 1944)
Solange die Existenz. Aus: Peter Turrini, Im Namen der Liebe. Gedichte. Herausgegeben von Silke Hassler. © 2005 Suhrkamp Verlag, Frankfurt am Main.

Robert Walser (1878-1956)
Sommer. Aus: Robert Walser, Das Gesamtwerk. Herausgegeben von Jochen Greven. Band 7: Gedichte und Dramolette. Herausgegeben von Robert Mächler. © 1978 Suhrkamp Verlag, Zürich und Frankfurt am Main.

Gerald Zschorsch (geb. 1951)
Der Spielmann. Aus: Gerald Zschorsch, Torhäuser des Glücks. Die Gedichte. Mit einem Nachwort von Lorenz Jäger. © 2004 Suhrkamp Verlag, Frankfurt am Main.

Alphabetisches Verzeichnis
der Gedichtanfänge und Überschriften

Geschichten mit Herzklopfen

Geschichten zum Verlieben

Dass zwei sich ineinander verlieben, ist die älteste Geschichte der Welt. Doch für die beiden, denen es gerade passiert, wird die Welt mit einem Mal ganz neu, die Liebe ist für sie ein kleines, ein großes Wunder, ein Entzücken und der Beginn einer neuen, unerhörten Geschichte: ihrer Geschichte.

Liebende wissen, dass ihre Liebesgeschichte, jede Liebesgeschichte einzigartig und unvergleichlich ist. Und doch findet man manchmal in den Erzählungen anderer das wieder, was die Liebe mit uns anstellt: wie sie uns glückstrunken in Aufruhr versetzt, mit Sehnsucht erfüllt und fast verrückt macht vor Verlangen … So wie in den hier versammelten zarten und übermütigen Geschichten von Isabel Allende, Paul Auster, Lily Brett, Italo Calvino, F. Scott Fitzgerald, Anna Gavalda, Elke Heidenreich, Wolfgang Herrndorf, Haruki Murakami, Franka Potente, Mario Vargas Llosa, Roger Willemsen und vielen anderen.

Geschichten zum Verlieben. Ausgewählt von Clara Paul. insel taschenbuch 4558. 255 Seiten

Gedichte, die die Liebe zum Leuchten bringen

Nichts ist schöner, als zu lieben und geliebt zu werden – und für dieses unfassliche Glück dann die Zauberworte zu finden, die diese Liebe für immer leuchten lassen.

Wenn in den magischen Momenten der Liebe Herzklopfen der Taktgeber der Poesie ist, können Gedichte entstehen, die einen spüren lassen, was lieben heißt: verwundert-zaghafte Gedichte für das überwältigende Gefühl der allerersten Liebe; jubilierende über ein erwidertes Lächeln; zarte, zärtliche der Sehnsucht; atemberaubende Gedichte von brennender Leidenschaft; betörende Gedichte über Verlockung und Hingabe …

Mit Gedichten von Anna Achmatowa, W.H. Auden, Rose Ausländer, Thomas Brasch, Bertolt Brecht, Raymond Carver, Emily Dickinson, Hilde Domin, Joseph von Eichendorff, Johann Wolfgang Goethe, Ulla Hahn, Heinrich Heine, Ernst Jandl, Mascha Kaléko, Angela Krauß, Reiner Kunze, Else Lasker-Schüler, Friederike Mayröcker, Rainer Maria Rilke, Peter Rühmkorf, Eva Strittmatter, Wisława Szymborska, William Carlos Williams und vielen anderen.

Gedichte zum Verlieben. Ausgewählt von Clara Paul. insel taschenbuch 4559. 184 Seiten

NF 374 / 1 / 3.17

Kesse Gedichte für jede Lebenslage

Ich bin so
knall
vergnügt
erwacht...
Gedichte,
die fröhlich
machen

Gegen Trübsinn, schlechte Laune oder Liebeskummer hilft manchmal einfach nur eines: Gedichte! Und wenn sie dann auch noch so munter, hellwach, beschwingt, federleicht, übermütig, kess, knallvergnügt, frisch-frech-fröhlich daherkommen, kann rein gar nichts mehr schiefgehen.

Hier ist alles versammelt, was uns fröhlich macht und uns zum Schmunzeln, Lachen, Glucksen bringt: Gedichte für jede Lebenslage mit Witz, Charme und Esprit von Bertolt Brecht, Robert Gernhardt, Johann Wolfgang Goethe, Heinrich Heine, Hermann Hesse, Ernst Jandl, Erich Kästner, Loriot, Christian Morgenstern, Joachim Ringelnatz, Eugen Roth, Kurt Tucholsky, Karl Valentin u.v.a.

»Ich bin so knallvergnügt erwacht«. Gedichte, die fröhlich machen. Ausgewählt von Clara Paul. insel taschenbuch 4356. 160 Seiten

NF 232/1/09.14